歆音 露霖 ◎ 编著

4~5岁(上)

◎ 下面每个鱼缸里各有多少条金鱼呢？用○圈起来吧！

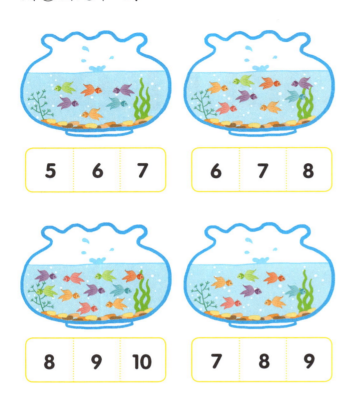

◎ 下图中哪些是三角形？把它们用○圈起来吧！

◎ 把颜色相同的气球和花盆用线连起来吧！

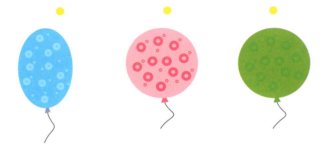

◎ 下面两幅图，有4处地方不相同，你来找一找吧！

◎ 参照示例，在右图中画出一样的图形吧！

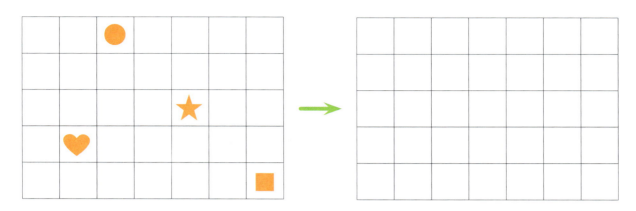

◎ 走迷宫，帮阿凡提找到他的小毛驴吧！

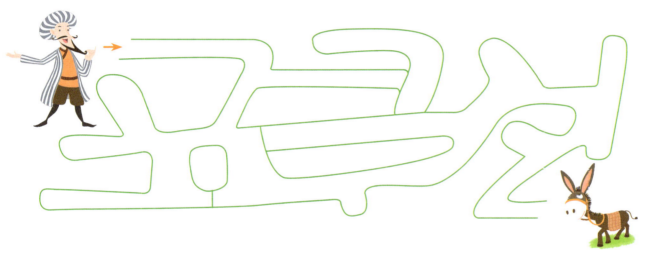

◎ 数一数下图中共有多少个鸡蛋，把答案写在方框中吧！

◎ 把同一副手套配成对，然后数一数一共有几副手套吧！

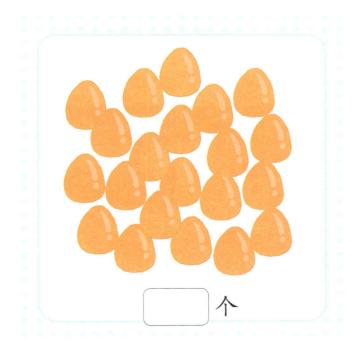

个

副

◎ 下面哪幅图与其他三幅都不相同呢？用○圈起来吧！

◎ 下面的图画缺了哪些部分？用○圈起来吧！

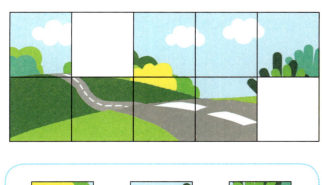

◎ 观察下面图形的规律，然后接着画下去吧！

◎ 下面是苗苗搭的城堡，仔细看图，然后回答下面的问题吧！

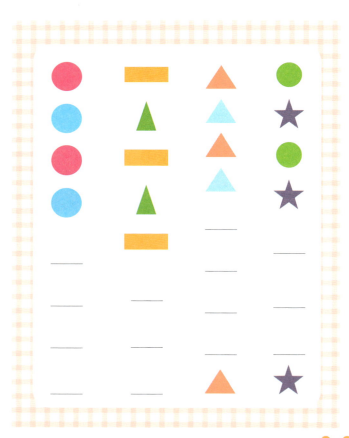

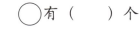

◎ 下面哪个是小猫的影子？用〇圈起来吧！

◎ 参照示例，画出好看的指印画吧！

◎ 示例中的图画是哪只动物身体的一部分？用〇圈起来吧！

◎ 下图中哪些是活的、有生命的物体？用〇圈起来吧！

◎ 示例中的图形缺了哪一块儿？用〇圈起来吧！

◎ 走迷宫，帮助春蚕吃到桑叶吧！

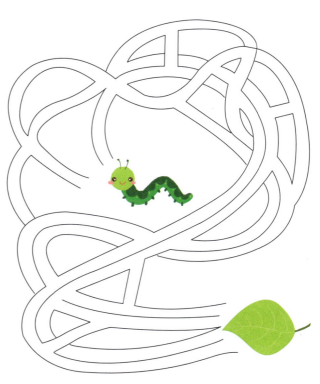

◎ 将左边的图形对折后，会是什么样呢？用〇圈起来吧！

◎ 下图中，红色图形和绿色图形哪种面积更大？把面积大的图形用〇圈起来吧！

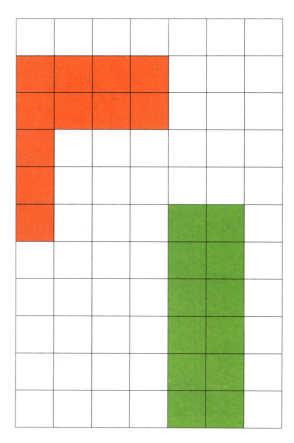

◎ 将下面的物品属于同一类的用线连起来吧！

◎ 观察每组图画的排列规律，然后想一想下一个图形应该是什么呢？用线连起来吧！

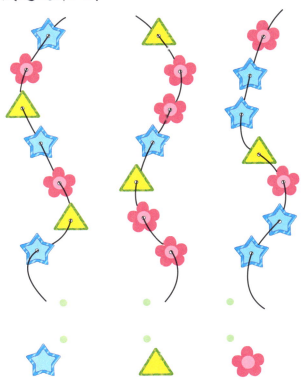

◎ 从左向右数第二个小朋友是谁呢？用○圈起来吧！

◎ 三只小猫去钓鱼，数一数桶里的鱼，哪只小猫钓到的鱼最多？用○圈起来。哪只钓到的最少？用△圈起来吧！

◎ 把数字为单数的表格涂上红色，数字为双数的表格涂上绿色吧！

2	4	1	24
6	7	5	14
15	10	11	3
9	12	18	16
20	22	8	13

◎ 下面哪些手印是左手？涂上红色。哪些是右手？涂上蓝色吧！

◎ 下面两幅图，有4处地方不相同，你来找一找吧！

◎ 按照从小到大的顺序连接1～10，然后给连成的图画涂上颜色吧！

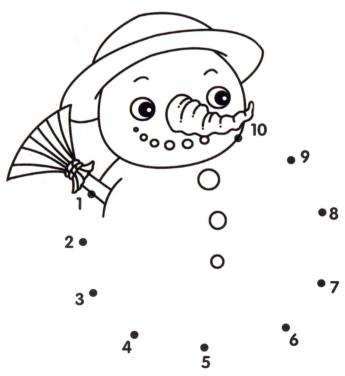

◎ 示例中的照片是哪个小朋友的？请你在图中把她用○圈起来吧！

◎ 小蝌蚪走哪条路，才能找到青蛙妈妈呢？你来画出正确的路线吧！

◎ 下面哪个钥匙与众不同呢？用○圈起来吧！

◎ 按照事情的发展顺序，给下面的图画标上1~4的序号吧！

◎ 图中一共有几个篮子？数一数，把答案写在方框里吧！

☐ 个

◎ 仔细看下面的两幅图，下面的图比上面的图多了些什么？用○圈起来吧！

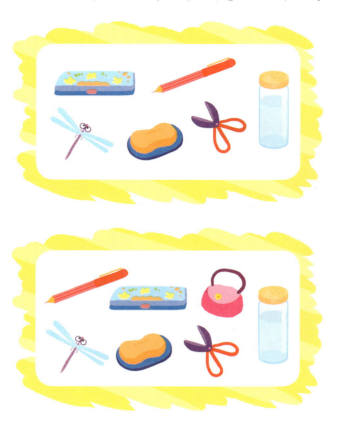

◎ 把只伸出左手的小动物用○圈起来吧！

◎ 下面每个图形各有多少个格子？数一数，把数字写在图形下边的方框中吧！

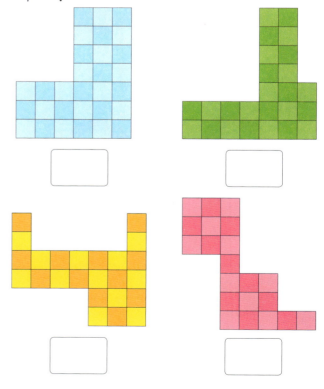

◎ 把左面的时间和相应的钟表用线连起来吧！

4：40

12：40

10：15

3：00

◎ 参照示例，在下图中画上一样的图形吧！

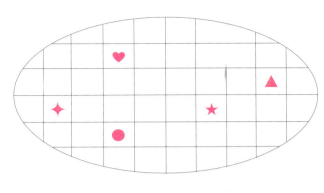

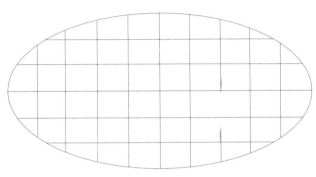

◎ 下面哪些贝壳能组成一个完整的贝壳呢？用线连起来吧！

◎ 下面哪个小朋友的行为是不正确的？用〇圈起来，并说一说他应该怎样做吧！

◎ 左图中的动物会发出怎样的叫声？和右边相应的声音连起来吧！

◎ 按照西瓜逐个增多的顺序走迷宫，帮小明找到救生圈吧！

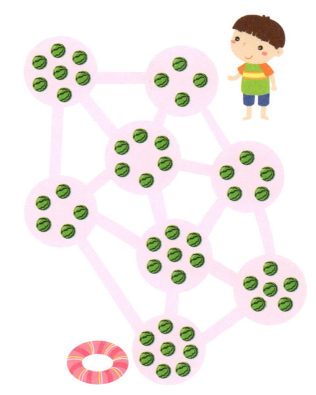

◎ 左图中的小动物分别在干什么？把右面的词语和中间的小动物用线连起来吧！

◎ 下面的交通工具哪个速度最快？用○圈起来。哪个速度最慢？用△圈起来吧！

◎ 下面每组物品中,哪个与其他不同类?用○圈起来吧!

◎ 下面两幅图,有4处地方不相同,你来找一找吧!

◎ 看看板凳上的数字,完成下面的算术题吧!

◎ 乐乐房间里哪些东西放错了位置?找一找并用○圈起来吧!

◎ 把下面的小动物和它们的影子用线连起来吧!

◎ 示例中的小鱼在哪里?请你在大图中用○圈起来吧!

◎ 下面动物身上的器官,哪些是单数的,哪些是双数的?你来说一说吧!

◎ 观察树叶的排列规律,接着画出后面的树叶吧!

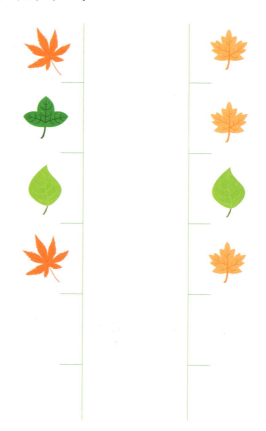

◎ 2个西瓜和6个苹果一样重，1个西瓜和几个苹果一样重呢？请你在空盘里画出相应数量的苹果吧！

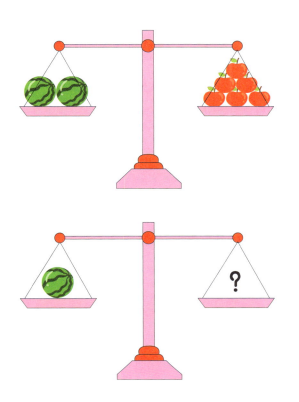

◎ 下面3艘同样大的轮船，哪个装的货物最重？用○圈起来吧！

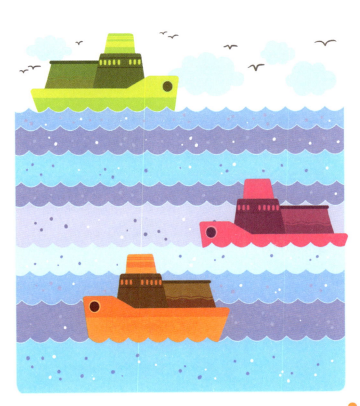

◎ 下图中一共有几根笔，哪个最长？用○圈起来。哪个最短？用△圈起来。然后从长到短给它们排序吧！

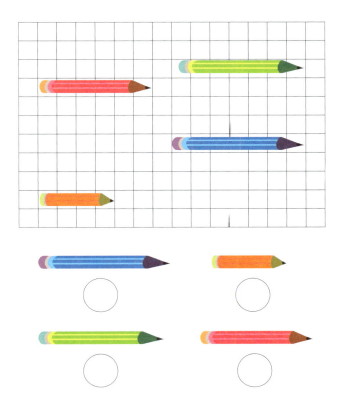

◎ 哪只昆虫和示例中的一模一样？用○圈起来吧！

◎ 每组图中动物腿的数量加在一起,各是多少呢?你来填一填吧!

◎ 下面图中的衣服,哪些是前面?哪些是后面?把前面的用○圈起来吧!

◎ 在下面的□里填上正确的数字或符号,把下面的算式补充完整吧!

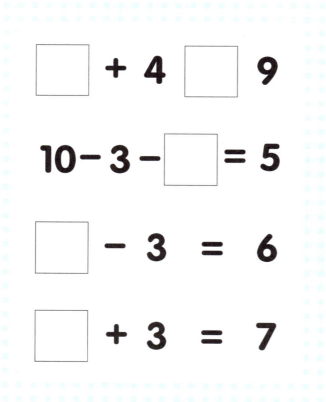

◎ 观察下面每组图形的颜色变化,给后面的图形涂上颜色,使每组图形的颜色变化形成一定的规律吧!

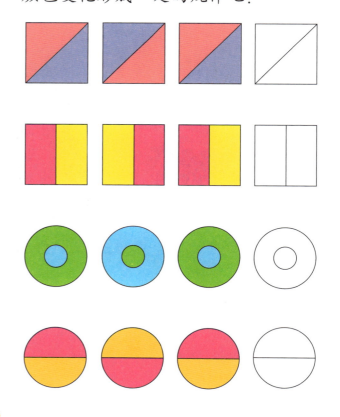

◎ 左图中的图形是由右图中哪两个图形组成的？找一找并用○圈起来吧！

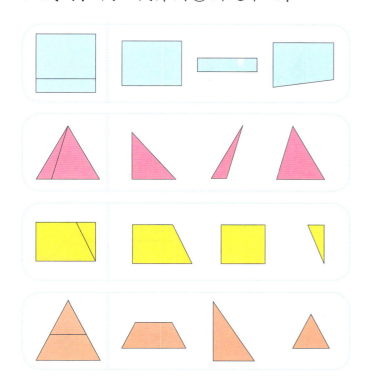

◎ 下面哪些乐器是用嘴吹奏的？用○圈起来。哪些是用手弹奏的？用△圈起来吧！

◎ 在下面的大图中，找到示例中的图形并用○圈起来吧！

◎ 参照上图，然后在下图同样的位置画出同样的图形。

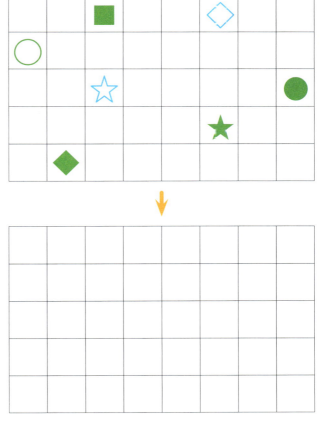

◎ 下面两幅图，有5处地方不相同，你来找一找吧！

◎ 按照从小到大的顺序连接1～15，然后给连成的图画涂上颜色吧！

◎ 下面的钟表表示的什么时间？写在方框里吧！

◎ 帮下面的动物找到它们的尾巴，然后用线连起来吧！

◎ 物体越重，弹簧就被拉得越长。下面每组物品中哪个更重一些？用○圈起来吧！

◎ 下面的天气和场合穿什么合适呢？把天气和相应的穿着用线连起来吧！

◎ 下面哪些是洗漱用品？用○圈起来。哪些是学习用品？用△圈起来吧！

◎ 下面哪个风筝飞得最高？按照从高到低的顺序给它们标上1～5的序号吧！

◎ 把左图中的物品分成两部分，○应该放几个呢？找出相应数量的○，涂上颜色吧！

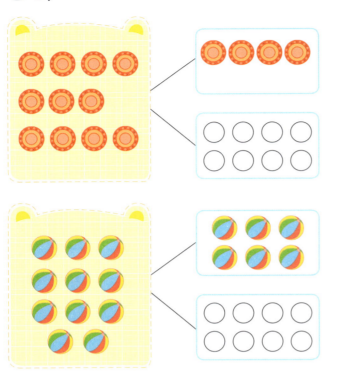

◎ 夜空中有很多星星，从画面上看，哪颗大星星离月亮最近呢？用○圈起来。

◎ 小熊看到的积木是什么样的呢？用○圈起来吧！

◎ 三个小朋友都想摘到甜甜的苹果，你来走一走，看他们谁能摘到呢？

◎ 下面每组事物中都有一个和其他不同类，找一找然后用○圈起来吧！

◎ 按照示例中的要求给相应的图形涂色，涂好后，你能看到什么图案？

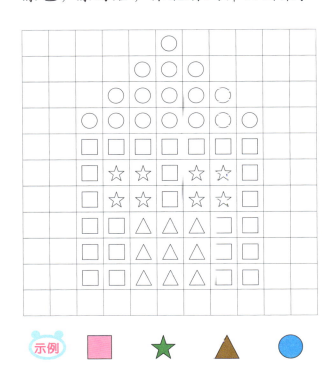

◎ 下面哪些物品摆错了位置？用○圈起来吧！

◎ 小兔子是由哪一组画笔画成的呢？仔细观察，然后用○圈起来吧！

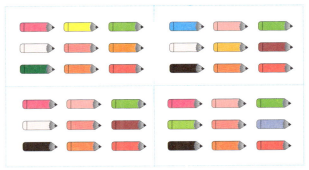

◎ 下面的火车是由哪些图案组成的？把多余的图案用○圈起来吧！

◎ 参照左图，在右图同样的位置画出同样的图形吧！

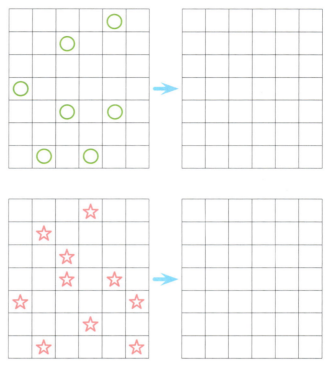

◎ 把下面的大写字母和对应的小写字母用线连起来吧！

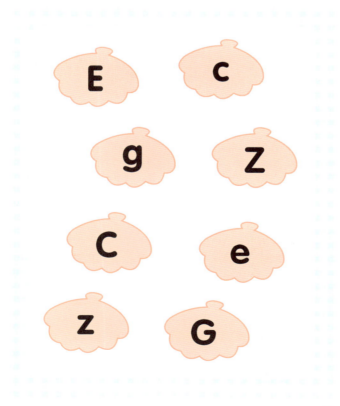

◎ 下面两幅图，有4处地方不相同，你来找一找吧！

◎ 左边的图形都被剪掉了一块,从右图中找到剪掉的部分用○圈起来吧!

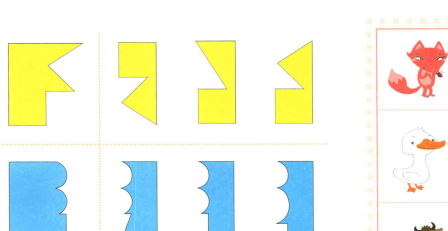

◎ 从右图中找出左图动物的影子,用○圈起来吧!

◎ 亮亮穿着短袖衬衫,手里拿着球拍,请你找到亮亮并用○圈起来吧!

◎ 左图中小朋友做的事情,在什么时间才合适?请你把它们和右图中相应的时间用线连起来吧!

◎ 在下面的空格中填上正确的数字和符号，使等式成立吧！

◎ 找到正确的拼图块，完成拼图吧！把相应的序号填在空白处。

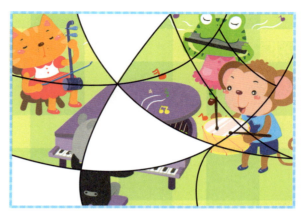

◎ 画出下面图形的另一半，并涂上颜色吧！

◎ 按苹果→西瓜→菠萝的顺序帮小猪走到果园吧！

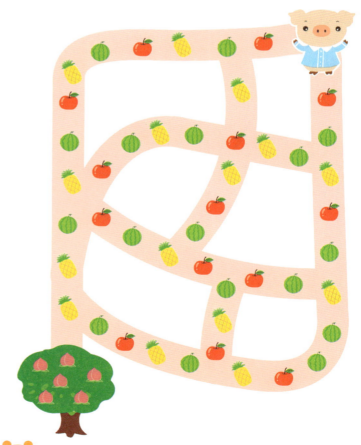

◎ 下图中哪一组图案不能由上边的 4 个图形拼成？找一找然后用○圈起来吧！

◎ 下图中一共有多少个积木块呢？数一数把答案写在方框中吧！

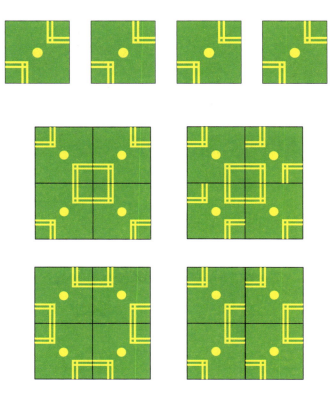

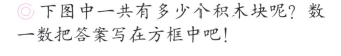

◎ 观察示例，然后按照和示例相反的顺序在圆圈里画出正确的图案吧！

◎ 给下面的图画涂上好看的颜色吧！

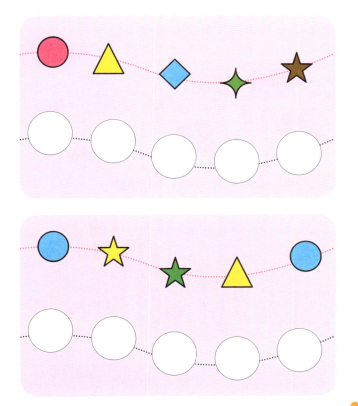

◎ 下图中一共有多少个水杯？数一数把答案写在○里吧！

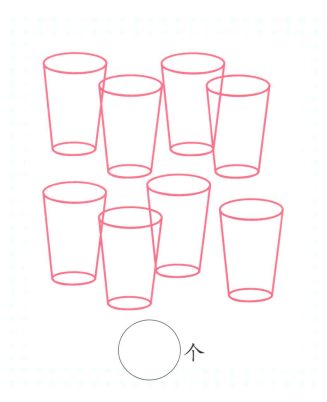

◎ 试着移动一根火柴，使下面的等式成立吧！

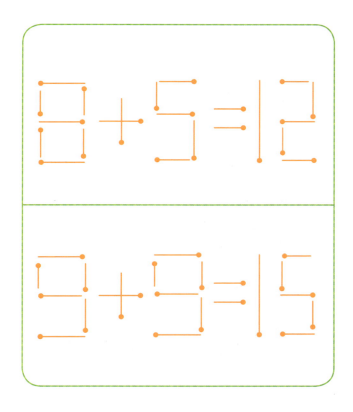

◎ 下面两幅图，有4处地方不相同，你来找一找吧！

◎ 下面图中都藏着哪些昆虫呢？找一找然后用○圈起来吧！

◎ 下面哪两辆自行车是一模一样的？用〇圈起来吧！

◎ 给下面的布娃娃画上漂亮的头发吧！

◎ 下面哪一块拼图不是上边大图中的呢？用〇圈起来吧！

◎ 下面有5只毛毛虫藏在图画中，找一找然后用〇圈起来吧！

◎ 下图中哪些方格和上图颜色不同？找一找然后在方格里画上○吧！

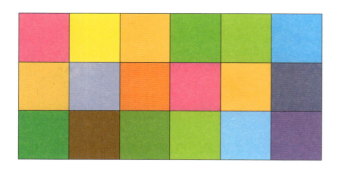

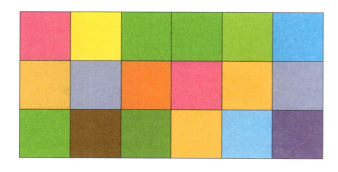

◎ 小矮人走哪条路才能找到白雪公主呢？请你画出正确的路线吧！

◎ 下面的食物中，哪一个与其他不同类呢？用○圈起来吧！

◎ 参照示例，完成下图的涂色吧！

◎ 将下面的动物和它们爱吃的食物用线连起来吧！

◎ 妞妞穿着黄皮鞋，戴着蓝帽子，找到她并用○圈起来吧！

◎ 每个小房子可以住两只小狗，下面这些小狗需要几个房子？请你在下面的方框里画上相同数量的房子吧！

◎ 四个小朋友在过马路，他们当中哪一个做的是正确的？用○圈起来吧！

示例

29

◎ 把左右两边数量相加为10的图片用线连起来吧!

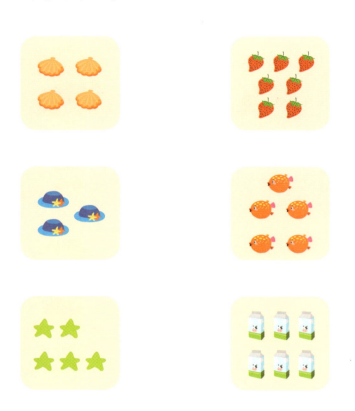

◎ 下图中哪些物品能浮在水面上？用〇圈起来吧!

◎ 走迷宫，帮黄牛回到农场吧!

◎ 下面哪些是大灰狼的脚印，找一找用〇圈起来吧!

◎ 示例中的哪些图案可以在下图中找到？把它们用〇圈起来吧！

◎ 下面哪个是蚊子的影子？用〇圈起来吧！

◎ 下面的图画比上面的图画多了5颗珍珠，把多出来的珍珠用〇圈起来吧！

◎ 发挥想象，给下面的图画涂上好看的颜色吧！

◎ 给下图中有数字5的地方涂上黄色，有数字10的地方涂上红色，有数字8的地方涂上绿色吧！

◎ 下面每组图右边哪个图形与左边一样？用○圈起来吧！

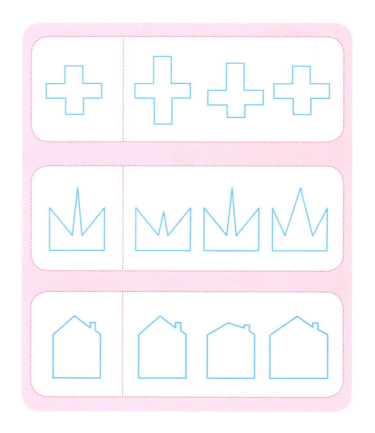

◎ 把左右两边相等的数字用线连起来吧！

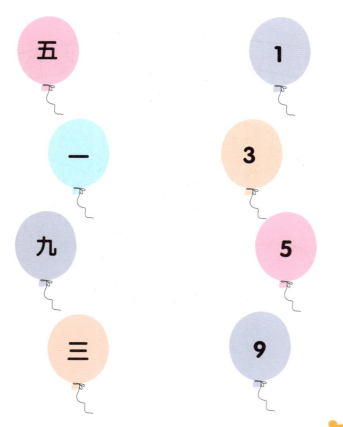

◎ 把下面的物品按照由轻到重的顺序排上1～4的序号吧！

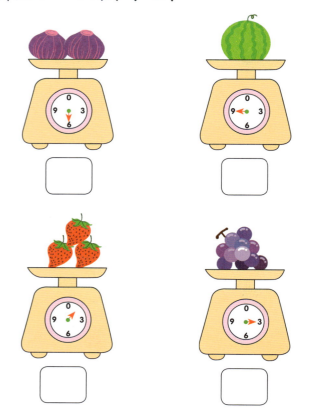

◎ 盘子里的鱼加上小猫嘴里的鱼一共是多少条？把答案写在方框内吧！

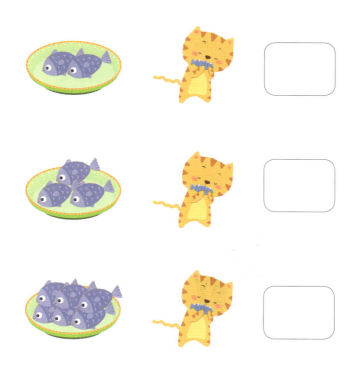

◎ 将下面数字中比15小的数字用○圈起来吧！

◎ 参照上图画一画，使下图和上图一模一样吧！

◎ 左图中的动物在干什么？和右边相应的动词连起来吧！

◎ 下面哪些物体有弹性？用○圈起来吧！

◎ 下图中的动物都具有什么特征？把它们和相应的形容词用线连起来吧！

身上的刺（　　）　　长得（　　）

短短的　胖胖的　尖尖的　长长的

鼻子（　　）　　尾巴（　　）

◎ 按照豆豆逐渐长大的顺序，给下面的图片标上1～4的序号吧！

◎ 下面的动物都有几条腿呢？你来试着画出来吧！

◎ 请找出上图中没有出现的风筝,在下图中用○圈起来吧!

◎ 示例中是哪个小猫的照片?找一找然后用○圈起来吧!

◎ 下面哪根电线最长?在旁边画上○吧!

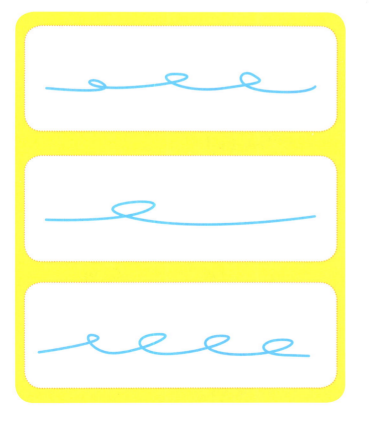

◎ 参照示例,给下面的图涂上颜色吧!

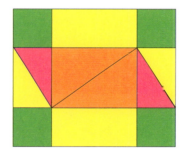
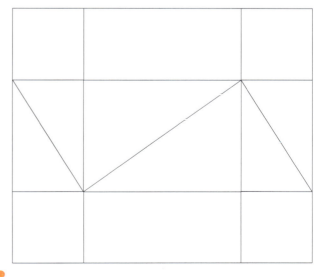

◎ 下面一共有多少种颜色的花呢？数一数把答案写在方框中吧！

◎ 小鸡走哪条路，才能吃到虫子呢？你来画出正确的路线吧！

◎ 下图中藏了多少个小动物？找一找并给它们涂上颜色吧！

◎ 按照顺序给下面的拼图标上 1～5 的序号吧！

◎ 下图中哪些图形是开着口的？用○圈起来。哪些是关着口的？用△圈起来吧！

◎ 下面哪些景观是中国的？用○圈起来吧！

◎ 哪一把钥匙可以打开下面的大门呢？用○圈起来吧！

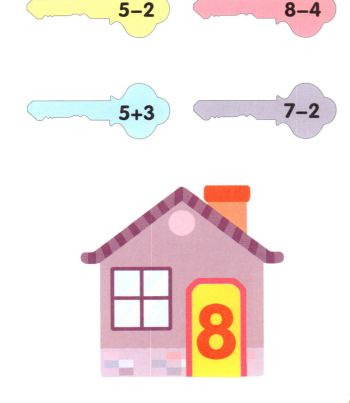

◎ 把数字按照1～20的顺序连起来，然后给连好的图形涂上颜色吧！

◎ 下图中一共有多少个储钱罐？数一数把答案写在方框中吧！

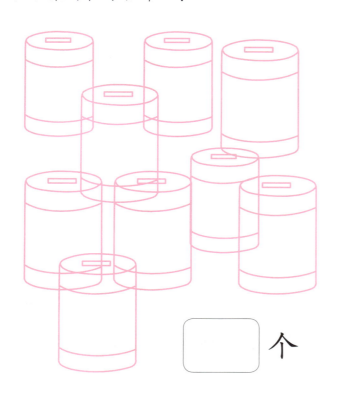

◎ 下面两幅图，有4处地方不相同，你来找一找吧！

◎ 左图中数字的另一半在哪里？找一找，用线连起来吧！

◎ 下面四个小动物分别喜欢吃什么呢？用线连起来吧！

◎ 下面的照片中大部分都是重复的，只有一张照片没有重复，找到它用○圈起来吧！

◎ 下面的云朵都像什么？你来说一说吧！

◎ 用圆形还可以画出什么呢？请你发挥想象来画一画吧！

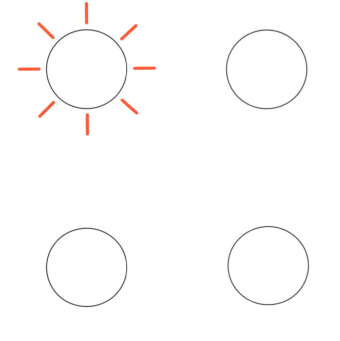

◎ 根据描述，把小朋友和他们的家用线连起来吧！

3楼左数第2户

2楼右数第1户

4楼左数第1户

1楼右数第3户

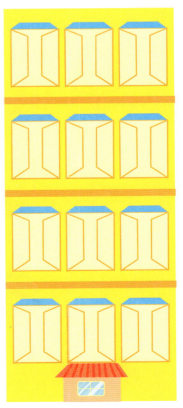

◎ 下面哪两幅图画完全相同？用○圈起来吧！

◎ 请你画出下面对称图形的另一半吧！

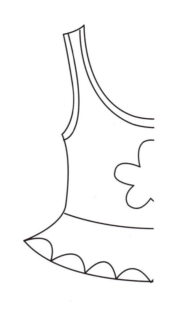

◎ 天真热啊，下面哪些物品，能让小熊凉快起来呢？找一找用○圈起来吧！

◎ 右图中哪个图形与左图相同呢？用○圈起来吧！

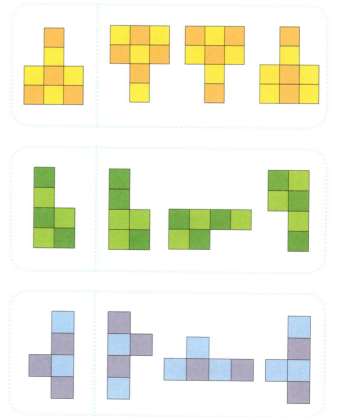

40

◎ 观察图形排列规律,在空白处填上正确的图形吧!

◎ 把下面小朋友的表情和相应的词语用线连起来吧!

◎ 下面的图画少了哪一块?找一找并用○圈起来吧!

◎ 小狐狸怎样才能找到礼物呢?你来帮他画出正确的路线吧!

◎ 下面哪个小孩和其他三个不同？把她用○圈起来吧！

◎ 下面哪些物品能被磁铁吸住？用○圈起来吧！

◎ 下面几样东西藏在图画中的什么地方？找一找用○圈起来吧！

◎ 数一数下面水果的数量，把正确的数字用○圈起来吧！

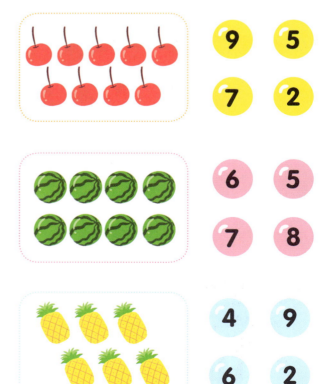

◎ 左图中的火柴棍能摆出哪个图形？在右图中用○圈起来吧！

◎ 左图和右图中，哪两个动物做着相同的动作？把它们用线连起来吧！

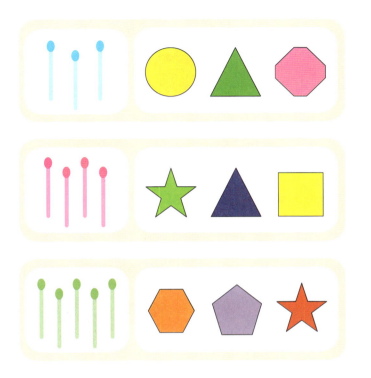

◎ 你见过下面的动物吗？它们当中哪个个头最大？用○圈起来。哪个最小？用△圈起来吧！

◎ 下面的古诗被打乱顺序了，请你在前面写上序号，排出正确顺序吧！

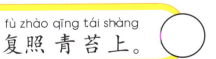

dàn wén rén yǔ xiǎng
但闻人语响。○

fù zhào qīng tái shàng
复照青苔上。○

kōng shān bú jiàn rén
空 山不见人，○

fǎn jǐng rù shēn lín
返景入深林，○

◎ 下面的动物都被遮住了一块，你知道它们是什么动物吗？来猜一猜吧！

◎ 下图中哪个是熊猫的影子？用○圈起来吧！

◎ 走迷宫，帮小乌龟到达大树下吧！

◎ 下面两幅图，有4处地方不相同，你来找一找吧！

◎ 下面的小朋友应该穿哪双鞋来跟衣服颜色搭配呢？用线连一连吧！

◎ 左右两边哪些词语互为反义词？用线连一连吧！

◎ 给下面的图画涂上好看的颜色吧！

◎ 下图中哪几幅图拼在一起和上图一样？把它们用○圈起来吧！

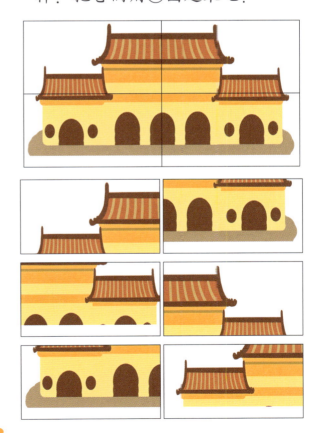

◎ 下面的食物应该放在冰箱的哪一层呢？用线连一连吧！

◎ 下图中有5处地方画得不合理，找一找然后用〇圈起来吧！

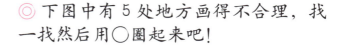

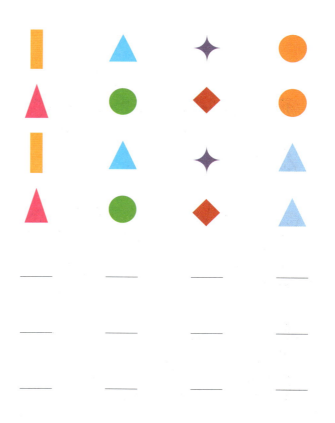

◎ 参照示例，发挥你的想象，在给出的图形上画一画吧！

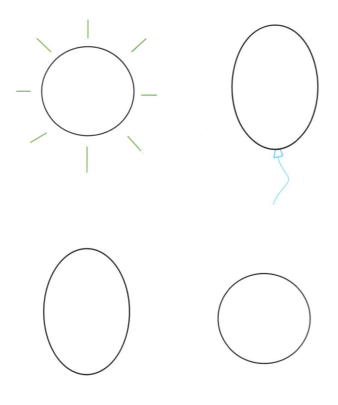

◎ 观察图形的排列规律，接着画一画吧！

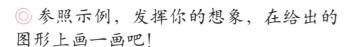

◎ 下图中一共有多少辆黄色的小轿车呢？数一数把答案写在方框里吧！

◎ 把下面的动物和它们的名称用线连起来吧！

◎ 下面哪两个玩具是一模一样的？用○圈起来吧！

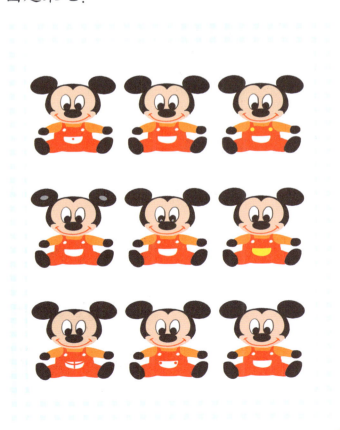

◎ 画出下面房子在水中的倒影吧！

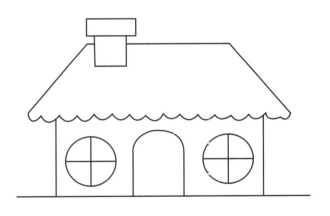

◎ 下面哪些动物在冬天会冬眠？用○圈起来吧！

◎ 动物园给不同的动物准备了不同的门，它们应该走哪个门呢？你来用线连一连吧！

◎ 下面的水果成熟以后是什么颜色呢？你来涂一涂吧！

◎ 下面哪些是白天的场景？用○圈起来吧！

◎ 三个小朋友喝果汁，每人倒了满满一杯，下面是他们喝剩下的果汁，哪个小朋友喝得最多呢？把他用○圈起来吧！

◎ 下图中都画了什么天气下的场景？和相应的词语用线连起来吧！

多云　　雨　　晴　　雪

◎ 走迷宫，帮小熊找到妈妈吧！

◎ 下面每组物品中哪个与众不同？用○圈起来吧！

◎ 下面每只气球各自拴着哪个字母？把相应的字母写在气球上吧！

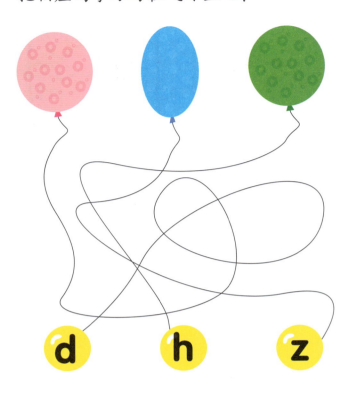

◎ 参照示例，在方框里填上正确的数字吧！

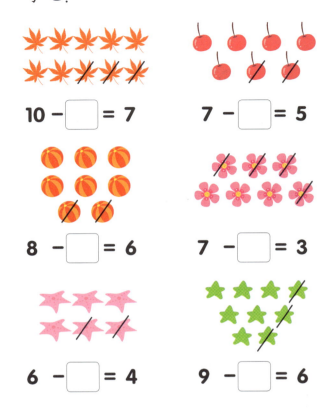

10 - ☐ = 7   7 - ☐ = 5

8 - ☐ = 6   7 - ☐ = 3

6 - ☐ = 4   9 - ☐ = 6

◎ 下面哪些动物是从蛋里面孵出来的？用〇圈起来吧！

◎ 下面哪口井挖得最深？用〇圈起来吧！

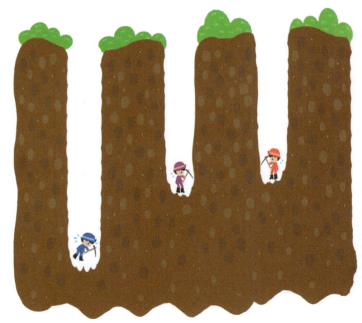

◎ 下面的物品出现在上图中的什么地方？把它们用○圈起来吧！

◎ 仔细看图，按照《小蝌蚪找妈妈》故事情节的发展顺序填上1～4的序号吧！

◎ 参照示例，完成下面数的分解吧！

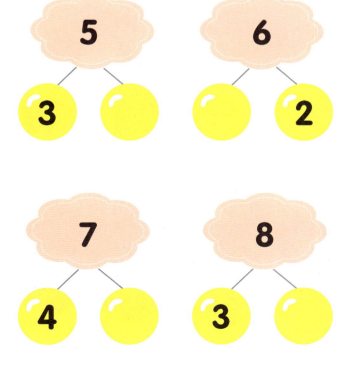

◎ 帮蚕宝宝算出得数吧！

$8 + 1 - 2 =$

◎ 下面哪列火车最长？把它右边的○里涂上红色。哪列最短？涂上绿色吧！

◎ 下面哪只小猪举得最高？把它用○圈起来。哪只举得最低？用△圈起来吧！

◎ 把右图和左图相对应的文字用线连起来吧！

◎ 下面哪个小动物跑得最快？把它用○圈起来。哪个跑得最慢？用△圈起来吧！

◎ 下面每组物品中哪个与众不同？把它用○圈起来吧！

◎ 下面的图画还没画完整，你来接着画完整吧！

◎ 下面哪个不会在夏天出现？把它用○圈起来吧！

◎ 按照糖果数量递增的顺序走出迷宫吧！

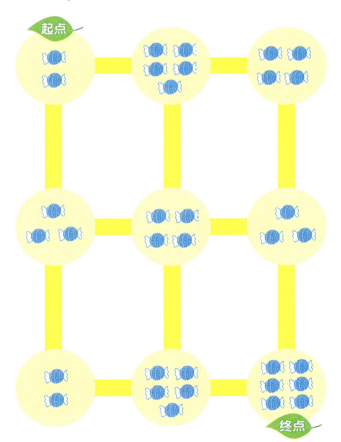

◎ 下面两幅图，有4处地方不相同，你来找一找吧！

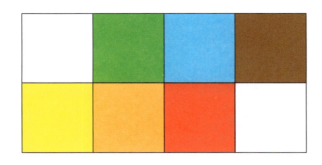

◎ 参照示例，1个苹果能榨出一个刻度的果汁，3个苹果能榨出多少果汁呢？你来画一画吧！

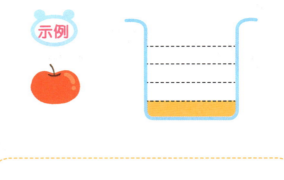

◎ 小青蛙向左跳3格，然后向上跳4格后到达哪个格呢？把这个方格涂上红色吧！

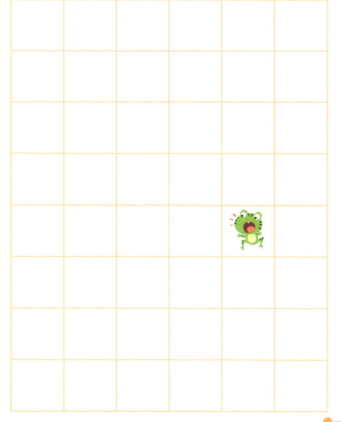

◎ 观察左右两组图，把有相似关系的图用线连起来吧！

◎ 按照顺序，在方框里填上正确的数字吧！

◎ 把下面长短一样的围巾涂上相同的颜色吧！

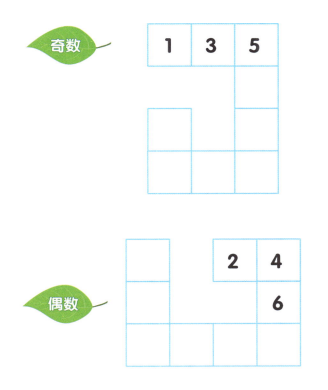

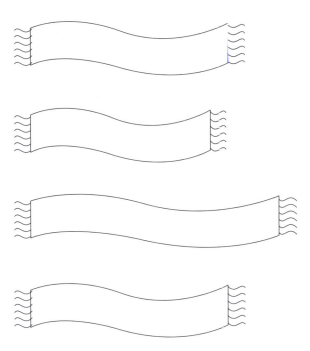

◎ 在右图中找到比左图大的图形，把它用○圈起来。找到和左图一样大的，涂上颜色吧！

◎ 下图中有多少个圆形？把答案写在方框里吧！

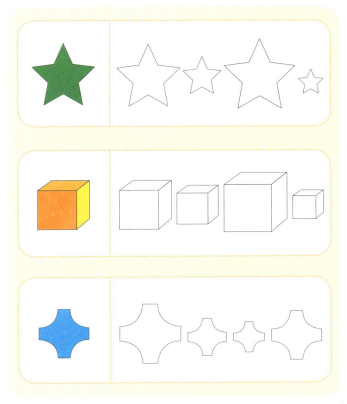

个

◎ 下面哪些做法是不对的？用○圈起来。并说一说应该怎样做吧！

◎ 下面哪两种颜色能组合成等号后的颜色呢？找到相应的画笔画出来吧！

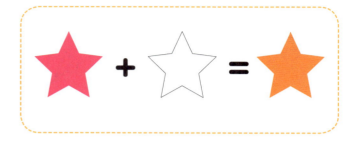

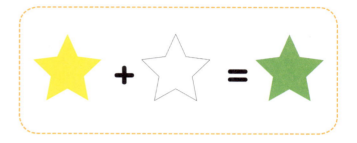

◎ 走迷宫，帮小丑鱼找到它的朋友吧！

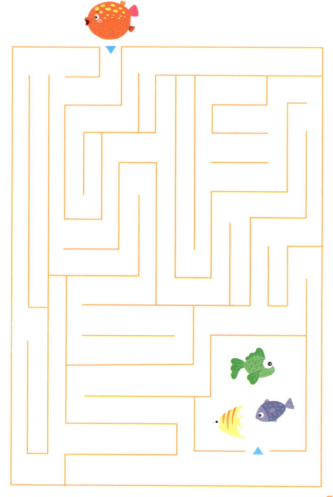

◎ 找到两幅一模一样的图画，用○圈起来吧！

◎ 把左右两组图中有相似关系的图用线连起来吧!

◎ 下图中隐藏着4种学习用品,找一找然后用○圈起来吧!

◎ 发挥想象,在下面的面孔上画上3种表情吧!

◎ 3个小朋友一起吃生日蛋糕,请你用线画一画,把蛋糕分成大小相等的3份吧!

◎ 下面哪些动物生活在海洋中？用○圈起来吧！

◎ 下面两幅图中，有4处方格颜色不同，用○圈起来吧！

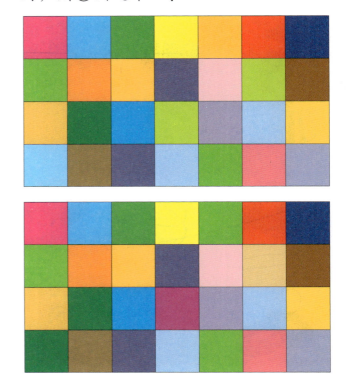

◎ 把成对的袜子用线连起来，并数一数一共有几双袜子，把答案写在方框中吧！

◎ 下面哪个图案和小熊衣服上的一样？用○圈起来吧！

◎ 这些玩具分别属于哪个小朋友呢？把玩具上的字母写在小朋友旁边的〇里吧！

◎ 观察下面植物的生长顺序，按照顺序给它们标上1～4的序号吧！

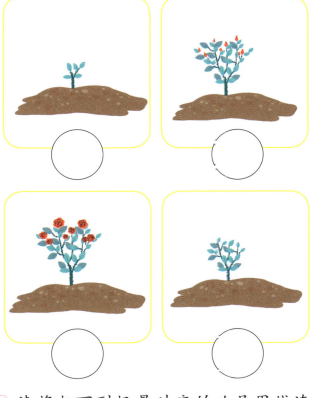

◎ 将种类相同的事物用线连起来吧！

◎ 请将与下列场景对应的物品用线连起来吧！

◎ 下图中一共有多少个三角形？数一数把答案写在方框中吧！

◎ 给下图中的三条线按照从长到短的顺序标上 1～3 的序号吧！

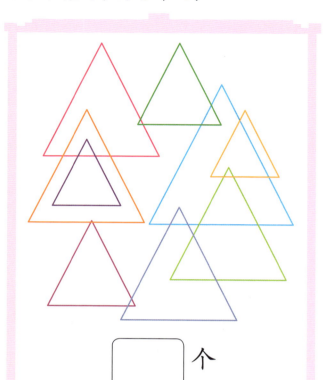

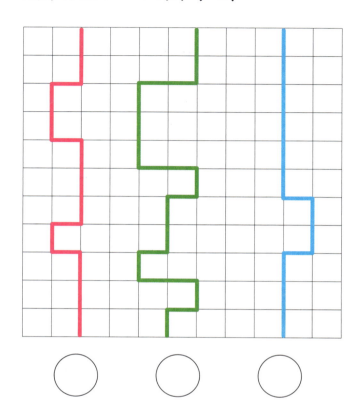

◎ 在下面的方框里填上正确的数字吧！

7 > ☐ > 5	1 < ☐ < 3	7 < ☐ < 9	2 > ☐ > 0
4 > ☐ > 2	8 > ☐ > 6	3 < ☐ < 5	10 > ☐ < 9

◎ 观察图形变化规律，在空格里画上正确的图形吧！

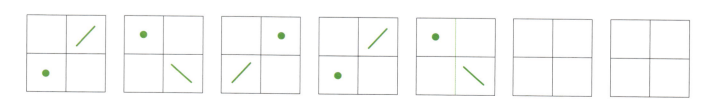

◎ 下面哪个碎片是花盆上的？用〇圈起来吧！

◎ 帮下面的小鸡吃到虫子吧！

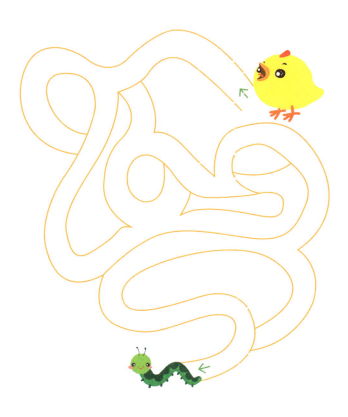

◎ 找到两条完全相同的章鱼，把它们用〇圈起来吧！

◎ 下面两幅图，有4处地方不相同，你来找一找吧！

◎ 下列哪两个图形能组成一个完整的圆形？把它们用线连一连吧！

◎ 下面哪个是小青蛙的影子？用○圈起来吧！

◎ 把左右两边的汉字连一连，让它们组成词语吧！

◎ 下面哪些动物属于十二生肖？用○圈起来吧！

◎ 下面的动物应该分别住到哪个房子呢？用线连一连吧！

◎ 小熊去春游，一路上吃了很多东西，仔细观察，根据吃剩的食物找到它吃这些食物的顺序吧！

◎ 下面哪个杯子里的果汁最多？用○圈起来。哪个杯子里最少？用△圈起来吧！

◎ 把所有穿蓝色短裤的小朋友用○圈起来吧！

◎ 参照示例，把左右两图中有相似关系的用线连起来吧！

◎ 走迷宫，帮妞妞找到它的布娃娃吧！

◎ 下面哪个是示例中鞋子的鞋印？用〇圈起来吧！

◎ 下面两幅图，有4处地方不相同，你来找一找吧！

◎ 工厂着火了，需要哪辆车呢？用○圈起来吧！

◎ 小美的照片缺了哪一块？用○圈起来吧！

◎ 下面每列中哪个不同类？用○圈起来吧！

◎ 给下面的衣服和球涂上好看的颜色吧！

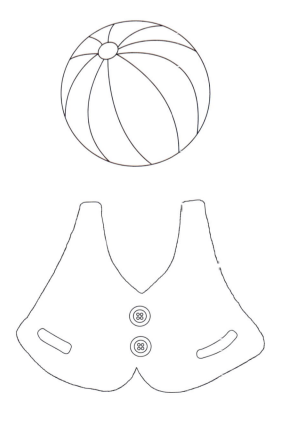

◎ 下面图中哪些地方不合理？用○圈起来吧！

◎ 参照示例，在下面的方框里画出相同的图画吧！

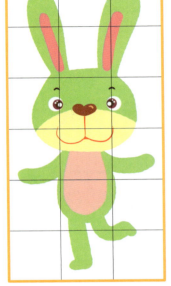
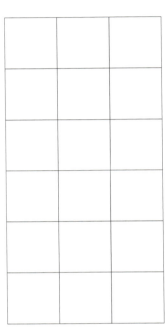

◎ 参照示例中图形的颜色，给下面的图画涂色吧！

◎ 下图中哪些地方颜色和上图不同？用○圈起来吧！

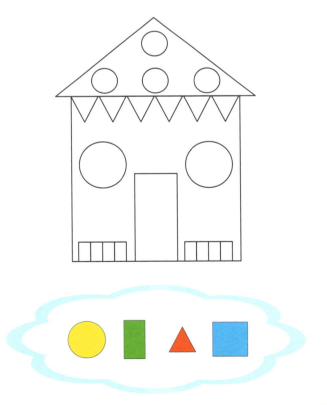

◎ 帮掉队的小公鸡找到最近的路线追上它的队伍吧!

◎ 按照 1~25 的顺序连数字,并给连好的图画涂色吧!

◎ 帮小兔数一数每种玩具的数量,然后在相应的位置写上正确的数字吧!

◎ 下面的云朵都像什么?你来说一说吧!

67

◎ 天天要找一种玩具，这种玩具在每一层都有一个，你来找一找然后把它们用〇圈起来吧！

◎ 参照示例，在下图中的相同位置画上一样的图案吧！

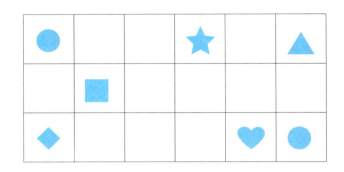

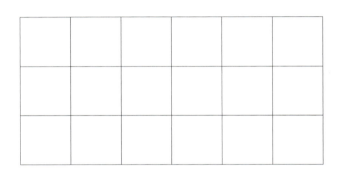

◎ 哪些小蜜蜂在向左飞，把它们用〇圈起来吧！

◎ 下面的图画缺少了哪一部分？用〇圈起来吧！

◎ 按照规律，在空格里画出正确的图案吧！

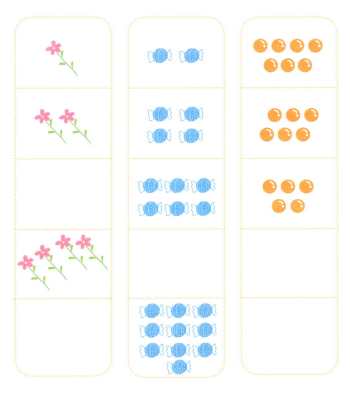

◎ 帮助珊珊避开小动物找到去公园的路吧！

◎ 找到隐藏在图中的钢笔，然后给它涂上颜色吧！

◎ 下面哪个是示例中自行车的影子？用○圈起来吧！

◎ 下面都是哪些树的叶子？你来说一说吧！

◎ 哪个小朋友打开的台灯呢？把他（她）用〇圈起来吧！

◎ 下面哪个图形与众不同？用〇圈起来吧！

◎ 下面两幅图，有4处地方不相同，你来找一找吧！

◎ 右图中动物小时候是什么样的？用线连一连吧！

◎ 参照示例中的步骤，用彩泥捏一个南瓜吧！

1. 搓一个橙色圆泥。
2. 把圆泥上下轻压成南瓜的形状，用小刀在南瓜身体上划出如图的纹路。
3. 捏一个绿色的圆泥饼，粘在南瓜顶部。

4. 搓一个绿泥的小把儿粘在小孔里，大南瓜就完成了。

◎ 下面的玩具多少钱呢？参照标签，在下面写一写吧！

○ 元 ○ 角　　○ 元 ○ 角

○ 元 ○ 角　　○ 元 ○ 角

◎ 下面哪些是学习用品？用○圈起来吧！

71

◎ 下面的图形少了哪一块？用○圈起来吧！

◎ 穿越迷宫，帮小朋友吃到棒棒糖吧！

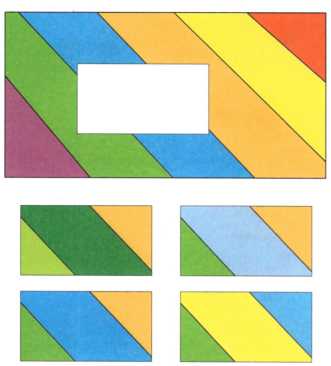

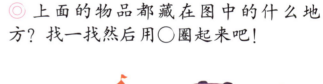

◎ 下面哪些东西可以被磁铁吸住？用○圈起来吧！

◎ 上面的物品都藏在图中的什么地方？找一找然后用○圈起来吧！

◎ 下面哪张图跟别的图不属于一个季节？用○圈起来吧！

◎ 下面的两幅图能组成什么样的画面？仔细观察然后把正确的图画用○圈起来吧！

◎ 下图中哪些地方不合理？找一找然后说说为什么吧！

◎ 按照数字从小到大的顺序走出迷宫吧！

◎ 给下面的图画涂上好看的颜色吧!

◎ 下面两幅图,有4处地方不相同,你来找一找吧!

◎ 数一数下面物品的数量,然后将数字填在方框中吧!

◎ 从上向下看,看到的茶壶是什么样的呢?想一想用○圈起来吧!

◎ 下图中哪个椅子和明明看到的一样？

◎ 下面每组中哪个与众不同？用○圈起来吧！

◎ 参照示例，完整下面的加减法计算吧！

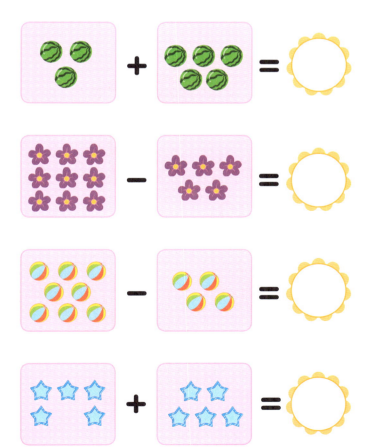

◎ 下面哪些是益虫？用○圈起来吧！

◎ 下面一共有多少双手套？数一数把答案写在方框中吧！

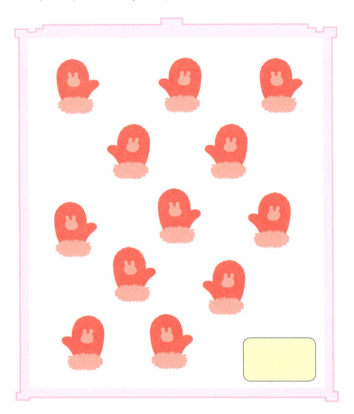

◎ 参照上图，把下图补充完整吧！

◎ 走一走花朵的身体迷宫吧！

◎ 下面哪组数排列正确？用○圈起来吧！

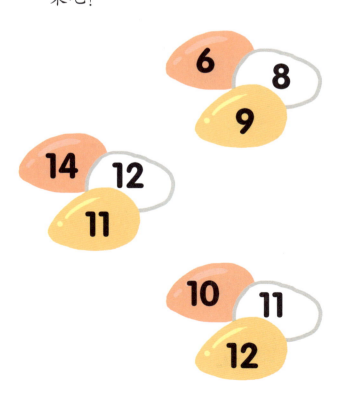

第 42 页

第 43 页

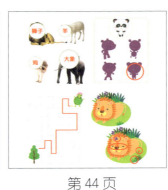
第 44 页

第 45 页

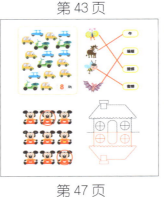
第 46 页

第 47 页

第 48 页

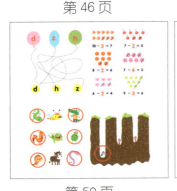
第 49 页

第 50 页

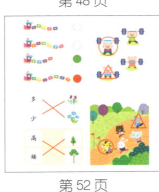
第 51 页

第 52 页

第 53 页

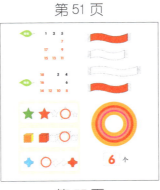
第 54 页

第 55 页

第 56 页

第 57 页

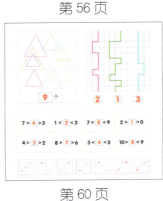
第 58 页

第 59 页

第 60 页

第 61 页